Arktis
Tag und Nacht

DORLING KINDERSLEY
LONDON, NEW YORK, MELBOURNE,
MÜNCHEN und DELHI

Text und Redaktion Lorrie Mack
Gestaltung Clare Shedden

Cheflektorat Susan Leonard
Leitung Gestaltung Rachael Foster
Programmleitung Mary Ling
Bildrecherche Julia Harris-Voss, Jo Walton
Herstellung Lucy Baker
DTP-Design Emma Hansen-Knarhoi,
Ben Hung
Covergestaltung Mary Sandberg

Fachliche Beratung
Bryan und Cherry Alexander

Für die deutsche Ausgabe:
Programmleitung Monika Schlitzer
Projektbetreuung Martina Glöde
Herstellungsleitung Dorothee Whittaker
Herstellung Gerd Wiechcinski

Bibliografische Information
Der Deutschen Bibliothek
Die Deutsche Bibliothek verzeichnet diese
Publikation in der Deutschen Nationalbibliografie;
detaillierte bibliografische Daten sind im Internet
über http://dnb.ddb.de abrufbar.

Titel der englischen Originalausgabe:
24 Hours Arctic

© Dorling Kindersley Limited, London, 2007
Ein Unternehmen der Penguin-Gruppe

© der deutschsprachigen Ausgabe by
Dorling Kindersley Verlag GmbH, München, 2007
Alle deutschsprachigen Rechte vorbehalten

Übersetzung Michael Kokoscha

ISBN 978-3-8310-0976-3

Colour reproduction by Colourscan, Singapore
Printed and bound in China by L.Rex

Besuchen Sie uns im Internet
www.dk.com

Wilkommen in der Arktis,

4:00 Uhr Dämmerung   **10:00 Uhr** Morgen

Einleitung	Seite 4	**Was ist um 10 Uhr los?**	Seite 16
Was ist um 4 Uhr los?	Seite 6	**Schwerfällige Riesen**	Seite 18
Robbenbabys	Seite 8	**Unter dem Eis**	Seite 20
Versteckspiel	Seite 10	**Leben am Eisrand**	Seite 22
Wer ist der Chef?	Seite 12		
Mama ist die Beste	Seite 14		

Die Arktis ist nicht nur sehr, sehr kalt – die Luft ist trocken wie in der Wüste.

dem eisigen Land ganz im Norden der Welt.

14:00 Uhr Nachmittag   **18:00 Uhr** Dämmerung   **22:00 Uhr** Nacht

Was ist um 14 Uhr los? Seite 24	**Was ist um 18 Uhr los?** Seite 32	**Was ist um 22 Uhr los?** Seite 40
Vögel der Arktis Seite 26	**Wanderwege** Seite 34	**Abfallentsorgung** Seite 42
Schnellimbiss Seite 28	**Räuber** Seite 36	**Draußen in der Kälte** Seite 44
Mit Horn und Haar Seite 30	**Gut zu Fuß** Seite 38	**Begriffe** Seite 46

Die **Arktis** besteht hauptsächlich aus gefrorenem Meer mit etwas Land an den Rändern. Komm und verbringe **24 Stunden** mit ihren Bewohnern!

3

24 Stunden

Fast überall auf der Welt gibt es eine 24-Stunden-Periode mit Tag und Nacht – lange Tage im Sommer, lange Nächte im Winter. doch an den Polen gibt es im Sommer keine dunkle Nacht und im Winter keinen hellen Tag. Dieses Buch zeigt die Tiere der Arktis an einem April-Tag.

Die Arktis ist ein Ozean, der früher vollständig gefroren war. Doch da das Klima sich erwärmt, taut ein immer größerer Teil ab.

Walross

Mit ihren riesigen Körpern wirken Walrosse an Land und auf dem Eis unbeholfen. Sie verbringen zwei Drittel ihres Lebens im Wasser, wo sie sich mithilfe ihrer paddelförmigen Flossen schnell und geschickt bewegen.

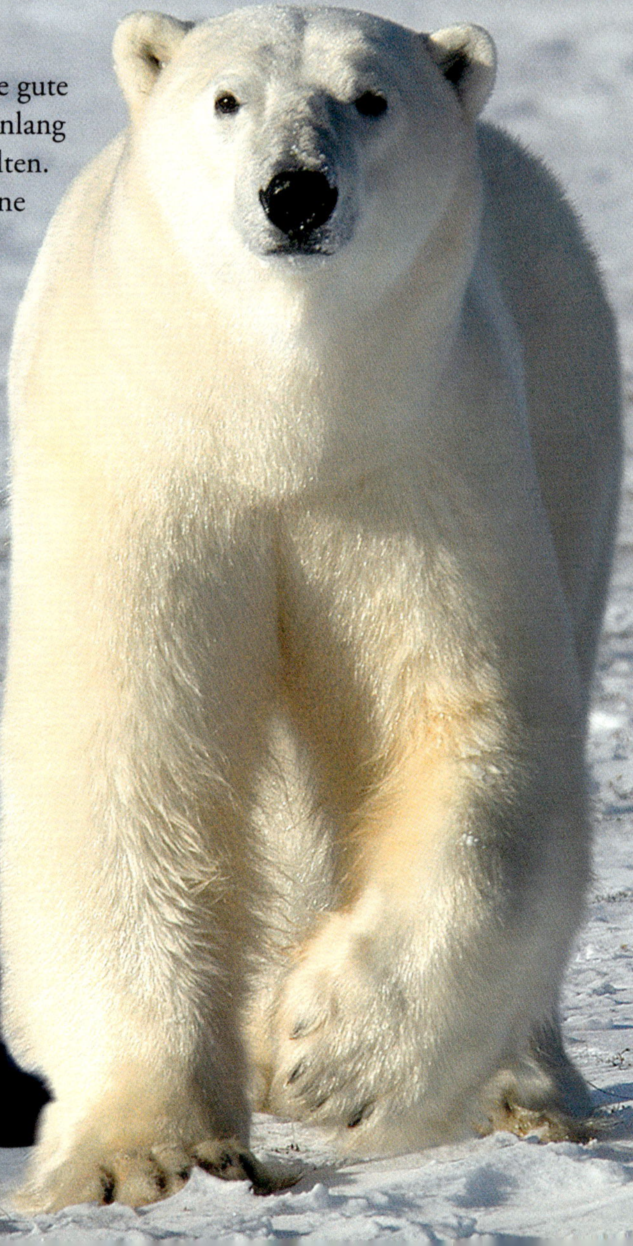

Eisbär

Eisbären sind wie Walrosse gute Schwimmer, die es stundenlang im eiskalten Wasser aushalten. Wie Walrosse haben sie eine dicke Fettschicht, die sie warm hält. Der Eisbär ist der größte Bär der Welt.

Einleitung

Schnee-Eule

Die Schnee-Eule ist einer der wenigen Vögel, die ganzjährig in der Arktis leben. Die Küken können verschieden alt sein, da das Weibchen jedes Ei sofort nach der Ablage bebrütet. Ist Nahrung knapp, fressen die großen Küken die kleinen.

Maßstab: Vergleiche die Tiere im Buch mit diesen Symbolen. Die Kinder sind 115 cm groß. Erscheint die Hand, nimm deine Hand zum Vergleich.

Sommersonne in der Arktis

Einen großen Teil des Jahrs ist es in der Arktis entweder ganz hell oder ganz dunkel. Das ist so, weil die Erdachse (eine gedachte Linie durch den Erdmittelpunkt) im Sommer zur Sonne geneigt ist, sodass die Arktis immer beleuchtet wird. Dafür erreicht sie im Winter kein Sonnenstrahl. Während die Tiere im Rest der Welt zu bestimmten Zeiten fressen und schlafen, können arktische Tiere fast alles zu jeder Zeit tun.

Rentier

In der kanadischen Arktis kommen diese Hirsche wild vor und werden Karibu genannt. In der Arktis sind sie häufiger als jedes andere große Säugetier. In Nordeuropa werden sie oft als Haustiere gehalten und heißen Rentiere.

Polarfuchs

Obwohl sie ähnlich wie andere Füchse aussehen, haben Polar- oder Eisfüchse etwas kürzere Beine, Schwänze, Ohren und Schnauzen. Dadurch sind sie besser gegen die Kälte geschützt, weil sie ihr eine geringere Körperoberfläche aussetzen.

5

4:00 Uhr

1 Junge Sattelrobbe

Mit der Dämmerung zieht sich die kurze Nacht zurück. Zu dieser Jahreszeit sind die Nächte schummrig, aber nie richtig dunkel, da die Sonne nicht ganz untergeht. Einsam wartet ein Sattelrobbenbaby auf seine Mutter und die nächste Mahlzeit.

 # Was ist um 4 Uhr los?

Mit seinem scharfen Geruchssinn sucht ein **Eisbär** nach Beute. Wenn er ein Robbenatemloch findet, stehen die Chancen für eine Mahlzeit gut.

Es gibt nichts Besseres als hornige Hufe und ein großes Geweih, wenn sich das **Rentier** an schlecht erreichbaren Stellen kratzen will.

Der **Polarfuchs** frisst einen Vogel, den er getötet hat. Wenn er nicht alles auf einmal schafft, vertilgt ein anderes hungriges Tier den Rest.

Um seinen riesigen Körper aus dem Wasser und auf eine Eisscholle zu wuchten, kann das **Walross** seine langen Hauer als Hebel einsetzen.

Anders als andere Eulen schläft die **Schnee-Eule** nicht am Tag und jagt in der Nacht. Meist sucht sie in Morgen- und Abenddämmerung nach Beute.

 6:00 Uhr

Die in der Arktis häufigen
Sattelrobben sind sehr gesellig und leben in großen Gruppen. Sie versammeln sich auf schwimmenden Eisschollen und tauchen im tiefen Wasser nach kleinen Fischen. Sattelrobbenbabys werden im späten Winter geboren und sind im April immer noch sehr klein.

Die Weibchen berühren ihre Babys mit der Nase und können sie so von anderen unterscheiden.

Wegen ihres hellen Fells nennt man die Jungen „Whitecoats".

Robbenbabys

Nach der Geburt ernähren sich die Babys von der nahrhaften Milch der Mütter. Bald haben sie eine dicke Fettschicht, die sie warm hält.

Zwei Weibchen glauben, das Junge sei ihr eigenes. Wenn sie sich nicht einigen können, wird es wohl einen Kampf geben.

Die beiden Robben sind noch jung, doch der weiße Pelz hat dem dünneren, grauen Fell der Erwachsenen Platz gemacht.

Eisbabys

Kurz vor der Geburt der Jungen versammeln sich tausende von Weibchen auf dem Packeis. Die Bereiche, in denen die Jungen geboren und gesäugt werden, nennt man Wurfplätze.

In den ersten beiden Wochen liegen die Babys nur auf dem Eis und warten auf ihre Mütter, um zu trinken. Ihr dicker, weißer Pelz hält sie warm.

7:00 Uhr

Viele Tiere der Arktis sind weiß, sodass man sie im Schnee nicht sehen kann. Diese natürliche Tarnung verbirgt manche von ihnen vor Räubern und erlaubt es anderen, ihrer Beute unerkannt aufzulauern.

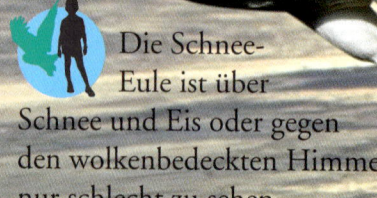

Die Schnee-Eule ist über Schnee und Eis oder gegen den wolkenbedeckten Himmel nur schlecht zu sehen.

Das Hermelin ist ein Wiesel und hat eine schwarze Schwanzspitze, auch wenn es sonst weiß ist. Wenn ein hungriger Vogel sich auf die Schwanzspitze stürzt, kann das Hermelin sie schnell wegziehen.

Polarwölfe sind eine Unterart des normalen Wolfs. Sie sind allerdings immer hell gefärbt. Dieses knurrende Tier ist fast vollständig weiß, aber Polarwölfe können auch cremefarben oder hellgrau sein.

Versteckspiel

Nur wenn man genau hinschaut, sieht man das Schneehuhn im Winterkleid, wie es sich in den Schnee duckt. Im Sommer sind seine Federn braun gefleckt oder grau.

Das weiße Fell hält das Robbenbaby nicht nur warm, sondern sorgt auch dafür, dass es von Räubern schlecht zu entdecken ist, wenn es auf Schnee und Eis liegt.

Polarhasen sind nicht nur im Winter, sondern das ganze Jahr über weiß, doch im Sommer ist das Fell leicht grau getönt. Diese größten aller Hasen graben im Schnee nach Nahrung.

Polarhasen sind größer als Polarfüchse. Mit ihren großen Füßen laufen sie bis zu 40 km/h schnell.

8:00 Uhr

Außer den Menschen gibt es in der Arktis keine Tiere, die Eisbären jagen. Sie sind sowohl die größten Bären der Welt als auch die unumstrittenen Herrscher des hohen Nordens.

Einsamer Wanderer
Von Weibchen mit Jungen abgesehen, leben Eisbären meist allein. Sie verbringen einen Großteil des Lebens im Packeis und jagen Robben. Männchen sind doppelt so groß wie Weibchen und mit bis zu 650 kg so schwer wie zehn Menschen.

Wer ist der Chef?

Bärenverhalten

Ein Eisbär hat einen viel besseren Geruchssinn als ein Mensch. Er kann eine Robbe aus einer Entfernung von mehreren Kilometern riechen.

Leben im Jagdrevier

Eisbären leben in Gegenden, die aus mit Eis bedecktem Land und Meer sowie dem offenen Meer bestehen. Im Frühjahr verbringen Männchen etwa ein Viertel ihrer Zeit mit der Jagd. Ansonsten schlafen oder ruhen sie.

Die jungen Männchen scheinen ernsthaft zu kämpfen, doch in Wirklichkeit spielen sie, wie es auch viele andere Tiere tun.

Wie Menschen laufen Eisbären auf den Fußsohlen und setzen dabei die Fersen zuerst auf.

Mit dem warmen Pelz und der dicken Fettschicht können sich Eisbären leicht überhitzen. Manchmal ist es am besten, sich auszuruhen.

9:00 Uhr

Eisbären-Weibchen kümmern sich um die Jungen, bis sie zwei oder drei Jahre alt sind – Männchen sind nicht beteiligt. Die Jungen (meist zwei) werden in einer Höhle geboren und kommen erst im Alter von einigen Monaten heraus.

Sicheres Zuhause
Die Jungen werden mitten im Winter geboren, bleiben aber bis März oder April in ihrer Höhle. Vor der Geburt fressen sich die Weibchen genug Speck an, damit sie während dieser Zeit davon leben und ihren Jungen Milch geben können.

Das von einem Jungen beobachtete Weibchen genießt die frische Luft nach der langen Zeit in der Höhle.

Die Höhlen werden meist in den Schnee, manchmal aber auch in die Erde gegraben.

Mama ist die Beste

Jagen lernen
Die Jungen bekommen feste Nahrung, sobald die Mutter die erste Beute erlegt hat. Im Alter von etwa einem Jahr haben sie selbst das Jagen gelernt.

Hungrige Vögel wie Möwen warten auf Reste.

9:10 Uhr Das Weibchen und die Jungen stopfen sich voll. Niemand stört sich daran, wenn sie sich dabei vollschmieren.

9:50 Uhr Puh! Drei volle Bäuche! Mama beendet das Frühstück und fordert die Jungen auf, zu ihr ins Wasser zu kommen.

9:54 Uhr Bären jagen meistens auf dem gefrorenen Meer und sind gute Schwimmer. Nun schwimmen sie zum Ausruhen nach Hause.

Weibchen graben oft Höhlen in die Schneewehen an der Küste.

10:00 Uhr

1 Walross

Der Himmel ist um 10 Uhr morgens bereits strahlend hell. Ein Walross lässt sich nach dem Sonnenbad von einer Eisscholle ins Meer gleiten. Das Wasser wird von seinen hinteren Flossen aufgewirbelt, die im Wasser als Antriebsorgane dienen.

 # Was ist um 10 Uhr los?

Für den **Eisbär** ist es wichtig, dass er zur Jagd mit den Vorderpfoten Eis aufbrechen kann. Wer weiß? Darunter könnte sich Nahrung verbergen.

Weil noch Schnee liegt, benutzt das **Rentier** Hufe und Schnauze, um an seine Nahrung (vor allem Moose und Flechten) zu kommen.

Männliche **Polarfüchse** jagen für gewöhnlich allein. Sie legen bei der Nahrungssuche riesige Entfernungen von bis zu 1000 km zurück.

Walrosse fühlen sich im Wasser wohl und sind hervorragende Schwimmer. Sie können eine halbe Stunde lang unter Wasser bleiben.

Weibliche **Schnee-Eulen** sind ein wenig größer als männliche und braun gefleckt. Männchen sind weiß mit einigen Flecken auf Brust und Schwanz.

 11:00 Uhr

Mit ihren Hängebacken sehen Walrosse ganz lustig aus. Doch große Männchen sind keine Schoßtiere – mit 3,5 m Länge und 1700 kg Gewicht haben sie die Größe eines Kleinwagens.

Als Säugetiere atmen Walrosse Luft wie wir auch. Dieses hier atmet gerade beim Schwimmen aus.

Männchen sonnen sich gern gemeinsam. Diese Gruppe hat sich auf dem Packeis versammelt.

Schwerfällige Riesen

Walrosse suchen auf dem Meeresgrund nach Muscheln, Seegurken und Schnecken. Sie leben im Flachwasser und atmen an der Oberfläche.

Männchen kämpfen bisweilen lautstark. Sie setzen dabei die Hauer nicht ein, doch kann es versehentlich zu Verletzungen kommen. Die Hauer sollen bei der Nahrungssuche helfen.

Obwohl Walrosse zwei Drittel ihres Lebens im Wasser verbringen, ruhen sie sich manchmal auf Eisschollen aus.

Unter der faltigen Haut haben Walrosse eine 10 cm dicke Fettschicht (auch **Blubber** genannt).

Was für ein Anblick!
Männchen und Weibchen der Walrosse tragen Hauer und Schnurrbärte. Mit den Schnauzen und den Tasthaaren suchen sie am Meeresgrund nach Nahrung. Sie wirbeln leckere Bissen durch einen mit dem Maul erzeugten Wasserstrahl auf oder graben sie mit ihrer Schnauze aus.

Mittag

Viele Tiere leben teilweise oder ganz im Wasser. Obwohl es dort eiskalt ist, ist es ein wenig wärmer als an der Luft, und außerdem gibt es dort jede Menge leckere Fische.

Der Narwal ist ein kleiner Wal. Die Männchen haben einen geraden Stoßzahn, der spiralförmig gedreht ist. Wie bei den Walross-Hauern handelt es sich um einen langen Zahn. Man nimmt an, dass er die Ursache der Sage vom Einhorn ist.

Walrosse können im Wasser nicht nur schwimmen, sondern auch schlafen. Dazu benutzen sie Luftsäcke am Hals, die als Schwimmkörper dienen und den Kopf beim Schlafen über Wasser halten.

Weißwale oder Belugas scheinen zu lächeln. Mit den scharfen Zähnen fressen sie Fische und Tintenfische. Da sie klein und etwas langsam sind, werden sie von anderen Walen oder sogar Eisbären gefressen.

Unter dem Eis

Sattelrobbenbabys beginnen zu schwimmen und Fische zu fangen, wenn sie ungefähr vier Wochen alt sind.

Sattelrobben schwimmen, indem sie abwechselnd mit den Hinterflossen schlagen.

Plankton, das Hauptfutter der Bartenwale, enthält Millionen winziger Algen und Tiere.

Eines der Hauptbestandteile des Planktons sind rote Krebstiere (Krill).

Beim „Fischbein" handelt es sich tatsächlich um die Barten eines Wals.

Anders als Narwale und Belugas haben Grönlandwale keine Zähne. Sie filtern mit den großen, fransigen Barten in ihrem Maul große Planktonmengen aus dem Wasser.

21

13:00 Uhr

An den Küsten der Arktis sind die Eisschollen des Meeres fest mit dem Land verbunden. Der Bereich, in dem das Eis ans offene Wasser grenzt, zieht viele Tiere und vor allem Vögel an.

Vom Eisschollenrand können Eisbären ins Wasser springen, wenn sie Gefahr wittern.

Eiderenten sind „Tauchenten" – sie tauchen nach ihrer Nahrung.

Der Rand des Eises verändert sich mit den Jahreszeiten. Im Winter ist er weit vom Land entfernt. Wenn das Eis im Frühjahr zu schmelzen beginnt, kommt er immer näher. Auch durch Wind, Wellen und Strömungen wird er abgetragen.

Während des späten Frühlings und im Sommer leben viele Vögel am Rand des Eises. Diese Ente nennt man Plüschkopfente.

Leben am Eisrand

Aasfresser wie diese Raben folgen auf der Nahrungssuche dem Eisrand. Viele Raben brüten nicht nur in der Arktis, sondern verbringen hier den ganzen Winter.

Die Säugetiere der See fressen Fische, Wirbellose und Algen am Eisrand. Dieser Grönlandwal filtert mit seinen Barten Plankton aus dem Wasser.

Manche Gewässer am Eisrand sind reich an Garnelen und Muscheln. Der Kopf der Bartrobbe ist rot vom hohen Eisengehalt des Schlamms, in dem sie nach Nahrung sucht.

Trottellummen jagen unter Wasser Schwärme kleiner Fische, Krebstiere, Würmer und Tintenfische. Sie können bis zu 50 m tief tauchen.

Am Eisrand gibt es viele Walrosse, wenn er nahe bei ihren flachen Jagdrevieren liegt.

23

14:00 Uhr

1 Krabbentaucher

Am frühen Nachmittag ist der Himmel voller Krabbentaucher. Im Frühling brüten sie in großen Zahlen. Sie legen ihre Eier in geschützte Löcher und Spalten an Abhängen oder auf Klippen, die das Meer überragen.

Was ist um 14 Uhr los?

Ein hungriger **Eisbär** paddelt munter auf der Suche nach einem fetten Fisch oder einem Meeressäugetier von einer Eisscholle zur anderen.

Diese galoppierenden **Karibus** sind vermutlich aufgescheucht worden oder haben eine Gefahr in der Nähe gewittert.

Um seine im Schnee versteckte Beute (vielleicht eine Wühlmaus oder ein Lemming) zu fangen, springt der **Polarfuchs** hoch in die Luft.

Walrosse haben eine dicke, raue, faltige Haut, die mit kurzen Borsten bedeckt ist. Meist weisen sie eine dunkle, graubraune Färbung auf.

Eine **Schnee-Eule** sucht nach Lemmingen. Gibt es viele, leben die Vögel das ganze Jahr über in der Arktis. Sonst ziehen sie im Winter nach Süden.

15:00 Uhr

Manche Vögel, wie Schnee-Eulen, Schneehühner, Raben und einige Lummen, leben das ganze Jahr über in der Arktis. Man nennt sie Standvögel. Andere, wie Gänse, Enten und Seeschwalben, brüten nur im Sommer hier. Sie werden Zugvögel genannt.

Die Küstenseeschwalbe legt in jedem Jahr eine gewaltige Reise zurück – sie fliegt 35 400 km weit in die Antarktis und wieder zurück in die Arktis!

Eiderenten sind Zugvögel. Sie fressen hauptsächlich Schalentiere – vor allem Muscheln, die sie mit ihren starken Schnäbeln zerdrücken und ganz verschlucken.

Die kontrastreich braun-weiß gefärbten Eisenten kommen in der Arktis sehr häufig vor. Sie machen eine Menge Lärm, wenn sie einander rufen.

Küstenseeschwalben leben und brüten in großen Gruppen (Kolonien).

Wenn sie nicht brüten, suchen Trottellummen über dem oder im Meer nach Nahrung. Diese hier „fliegt" gerade unter Wasser.

Vögel der Arktis

...Ab und zu verstummen die Vögel der Kolonie ganz plötzlich und dann fliegen alle auf einmal weg.

Schneegänse sind weiß, mit zum Teil schwarzen Flügeln. Sie brüten in der Arktis, leben aber nicht ganzjährig hier.

Eine Seeschwalbenkolonie brütet an einem Gletscher, gemeinsam mit Eissturmvögeln und Dreizehenmöwen sowie anderen Vögeln, die ihre Nahrung hauptsächlich im Meer suchen.

Sieht unser schwarz-weißes Gefieder nicht toll aus?

Dickschnabellummen brüten auf Klippen in großen, lauten, streng riechenden Kolonien. Sie fliegen gut, wirken bei Start und Landung aber ungeschickt. Im Wasser sind sie wendiger als in der Luft.

27

16:00 Uhr

Der pelzige Lemming besetzt einen wichtigen Platz in der Nahrungskette – nämlich ganz unten. Jeder Fleischfresser unter den Säugetieren und Vögeln betrachtet ihn als Nahrung. Für Füchse und Schnee-Eulen ist er die Hauptnahrung. Andere Tiere jagen ihn, wenn keine größere, nahrhaftere Beute in Sicht ist.

Falkenraubmöwen fressen hauptsächlich Lemminge und jagen sie manchmal anderen Vögeln ab. Sie graben sogar in der Erde nach den Lemmingbauen.

Weil Lemminge für so viele andere Tiere das Grundnahrungsmittel sind, hängen die Tiergemeinschaften der Arktis von ihrer Existenz ab. Wenn die Nahrung der Lemminge knapp wird und ihre Bestände abnehmen, leiden die anderen Tiere ebenfalls.

„Hoffentlich sieht mich keiner!"

Ich fresse vor allem **Pflanzen**, aber ab und zu auch ein **Insekt**.

Halsbandlemminge bekommen im Winter lange Krallen, mit denen sie im Schnee nach Nahrung graben können.

28

Schnellimbiss

Gerfalken brauchen Lemminge. Wenn es viele von ihnen gibt, sind auch die Gerfalken zahlreich.

Schnee-Eulen fressen hauptsächlich Lemminge. Wenn es nur wenige Lemminge gibt, nehmen auch die Schnee-Eulen-Bestände ab.

Für uns sieht das Hermelin süß aus, aber Lemminge und Wühlmäuse haben Angst vor ihm.

Der große Polarwolf hätte vielleicht lieber ein Rentier oder einen Moschusochsen, doch notfalls jagt er auch Robben, Enten, Hasen – oder eben Lemminge.

Kleine Säugetiere – und ganz besonders Lemminge – sind die Nahrung des Polarfuchses.

Der Vielfraß bevorzugt Lemminge, frisst aber auch andere kleine Tiere – und auch einige ziemlich große!

17:00 Uhr

Moschusochsen sind die einzigen Tiere der Arktis, die keinen Unterstand aufsuchen – ganz gleich, wie **kalt** und **stürmisch** es wird. Ihr Name kommt von dem starken **Geruch**, den die Männchen in der Paarungszeit abgeben.

Diese Formation nennt

Doppelter Umhang
Jeder Moschusochse ist mit grobem, zottigem Haar (den Konturhaaren) bedeckt, die den kräftigen Körper wie ein Umhang umgeben. Darunter befinden sich die feinen, gut isolierenden Wollhaare.

Mit Horn und Haar

Gesellschaftsleben

Das kleine Kalb hat Höcker, wo später Hörner wachsen, und einen Mantel kurzer Konturhaare. Manchmal wärmt es sich im Fell seiner Mutter auf.

Wenn sie bedroht werden (z.B. von Wölfen oder einem Eisbär), bilden die Erwachsenen einen Ring, in dem die Jungen sicher sind.

17:02 Uhr Der gefallene Schnee bildet eine Kruste, die bis zum Tauen hält. Im Winter benutzen die Tiere die Hufe, um an Flechten und Gras zu kommen.

17:14 Uhr Erwachsene können 40 km/h erreichen. Sie laufen so schnell, um Feinden zu entkommen, und die Jungen jagen sich zum Spaß.

17:45 Uhr Die Männchen veranstalten ein „Turnier": Sie weichen zurück, laufen aufeinander zu und stoßen mit den Köpfen zusammen, bis einer aufgibt.

man „Verteidigungsring"

Unter dem dunklen Fellbehang haben Moschusochsen helle Beine.

18:00 Uhr

1 Rentiere

Da sie den Winter in der kargen Arktis verbracht haben, sind die Rentiere sehr dünn, doch muss das nicht am Hunger liegen. Manche Experten meinen, dass sie zum Winter hin absichtlich ihr Gewicht verringern und daher nicht so viel Nahrung zum Überleben brauchen.

 Was ist um 18 Uhr los?

Obwohl er gut genährt ist, hat der **Eisbär** eine Robbe getötet. Er frisst vielleicht nur Haut und Fett. Ein hungriger Bär ließe nur Knochen übrig.

Rentiere leben nicht in den kältesten Teilen der Arktis, doch wandern sie im Frühjahr, wenn die Kälber geboren werden, recht weit in den Norden.

Wenn ein Schneesturm droht, schützt der **Polarfuchs** sein Gesicht mit dem dicken, buschigen Schwanz vor der eisigen Kälte.

Walrosse grunzen laut, wenn sie kämpfen oder überrascht sind. Wenn eine Gruppe sich versammelt, kann man das kilometerweit hören.

Wenn eine **Schnee-Eule** eine Beute erlegt hat, versteckt sie sie unter dem Flügel, damit andere Räuber nicht auf sie aufmerksam werden.

19:00 Uhr

Rentiere legen weite Strecken zurück. Ihre Hufe sind an den Schnee angepasst und sowohl Männchen als auch Weibchen tragen ein Geweih. In Europa und Asien verwendet man den Namen **Rentier**, in Nordamerika den Namen **Karibu**.

Ihre Geweihe werfen die Tiere jedes Jahr ab und lassen sie wieder neu wachsen.

Rentiere bilden große Herden, die im Frühjahr zur Geburt der Jungen nach Norden wandern. Im Winter gehen sie nach Süden, um Nahrung zu finden. In Europa werden Rentiere meist als Haustiere gehalten.

Wanderwege

Dieses nordamerikanische Karibu benutzt Hufe und Schnauze, um an das Gras und die Flechten unter dem Schnee zu kommen.

Rentiere legen bei ihren Wanderungen große Entfernungen zurück (bis zu 1000 km). Hier werden sie von menschlichen Hirten begleitet.

Die Hufe helfen beim Schwimmen und verhindern das Einsinken im Schnee. Die Tiere überqueren bei ihrer Herbstwanderung einen Fluss.

20:00 Uhr

Das Recht des Stärkeren

Raubmöwen sind große, aggressive Seevögel, die kleine Säuger, Fische und andere Vögel fressen. Diese verzehrt gerade ein Schneehuhn.

Nachdem er einen jungen Hasen erlegt hat, frisst der Polarfuchs seine Beute.

Der Vielfraß kann Säugetiere töten, die viel größer als er selbst sind. Dieser frisst von den Resten eines Rentiers.

Für uns scheint die Arktis eine karge Gegend zu sein, in der Nahrung knapp ist. Viele Tiere überleben durch das Jagen und Töten anderer Tiere – eine in der Natur nicht seltene Lebensweise. Solche Tiere bezeichnet man als Räuber.

Wölfe können auf der Nahrungssuche weite Strecken durch die Eislandschaft laufen.

Nichts liebt ein Eisbär mehr als eine leckere Robbenmahlzeit auf dem Eis.

Räuber

Das Wolfsrudel jagt eine Moschusochsen-Herde mit hoher Geschwindigkeit.

Der Polarwolf jagt und tötet nahezu jedes Tier, das er findet – kleine Tiere wie Schneehühner, Hasen und Lemminge, wenn sie da sind, aber auch große wie Moschusochsen und Rentiere.

21:00 Uhr

Wenn man im Winter nach draußen geht, trägt man spezielle Schuhe oder Stiefel, die warm sind und eine rutschfeste Sohle haben. In der Arktis benötigen Tierfüße den gleichen Schutz, sodass sie gut für die raue Umgebung gerüstet sind.

Rentierzehen spreizen sich und wirken wie Schneeschuhe, um das Gewicht über eine größere Fläche zu verteilen. Die Füße verformen sich, da sie ein weiches Fettgewebe enthalten.

Das lange, seidige Fell des Polarhasen bedeckt den ganzen Körper einschließlich der Beine und Füße. In der größten Kälte setzen sich die Hasen auf ihre Hinterbeine, die mit besonders dickem, gelblichem Fell isoliert sind.

Die Krallen der Zehen dienen der Bodenhaftung – vier an den Hinter- und fünf an den Vorderfüßen.

Gut zu Fuß

Auf dem Packeis hinterlassen Eisbären deutlich sichtbare Spuren. Sie sind frisch – der Bär kann noch nicht weit weg sein!

Menschen, die einzigen Feinde der Eisbären, verfolgen sie anhand der Spuren.

Die Federn des Schneehuhns reichen bis zu den Zehenspitzen und schützen es vor der Kälte. Im Winter bedecken sie sogar die Fußsohlen und verbessern die Haftung.

Auch wenn man sie nicht sehen kann, bedecken hunderte kleiner Warzen die Unterseite der Walrossflosse. Sie verhindern das Rutschen auf dem schlüpfrigen Eis.

Eisbären haben dicke, schwarze, haarlose Ballen an ihren Füßen. An jeder Pranke befinden sich fünf Zehen mit Krallen und langen Haaren dazwischen.

22:00 Uhr

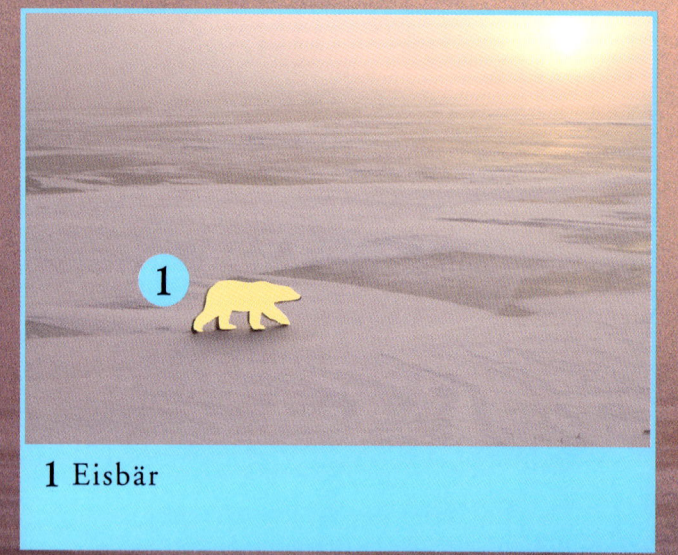

1 Eisbär

Das Licht ist in Aprilnächten rosarot und schwach. Obwohl die Sonne tief steht, scheint sie noch. Daher schlafen die Tiere nicht unbedingt. Einsame Eisbären wie dieser können auf der Jagd sein und sich langsam über die riesigen Eisflächen schleichen.

Was ist um 22 Uhr los?

Beim gähnenden **Eisbär** sieht man, dass Nase, Maul und Zunge schwarz sind. Die Haut ist unter dem Fell ebenfalls schwarz.

In Norwegen ziehen aus tausenden von **Rentieren** bestehende Herden zum Sommer nach Norden. Sie laufen sogar bei schweren Schneestürmen.

Das dichte Winterfell des **Polarfuchses** hält ihn warm. Im Sommer ist das Fell gräulich braun gefärbt und außerdem viel dünner.

Die Hauer eines **Walross-Männchens** unterstreichen seine Position in der Gruppe. Oft sind die mit den längsten Hauern die Anführer.

Die Augen der **Schnee-Eule** sind unglaublich leistungsfähig. Die Eule sieht gut im Dunkeln und kann im Flug Beute am Boden erkennen.

23:00 Uhr

Nahrung kann in der Arktis knapp sein. Daher fressen manche Tiere, was andere übrig gelassen haben. Sie ernähren sich auch von Kadavern natürlich gestorbener Tiere oder sogar von Abfällen. Manchmal – wenn der Hungertod droht – gehen sie auch noch weiter …

Ein Wolf schnüffelt an einem abgeworfenen Geweih und hofft auf Fleischfasern.

Eisbären säubern **Walknochen** vollständig – von Haut und **Blubber** sowie von Fleisch.

Der ans Ufer gespülte Kadaver des Grönlandwals lockt Eisbären an. Obwohl man Robbenfleisch für ihr Hauptnahrungsmittel hält, glauben manche Wissenschaftler, dass bis zu zehn Prozent der Nahrung aus Walfleisch bestehen.

Aasfressen bedeutet das Verzehren von toten Tieren oder Abfällen der Menschen.

Abfallentsorgung

Raben sind geschickte Aasfresser, die man oft an den Resten von Robben oder Rentieren findet.

Möwen sind recht große Vögel.

Nicht nur Eisbären fressen Robben. Möwen können zwar keine Robben töten, aber von Kadavern fressen.

An Land halten sich Polarfüchse oft in der Nähe von Eisbären auf. Wenn die Nahrung sehr, sehr knapp ist, fressen sie auch Eisbärenkot.

Vielfraße sind gut für das Aasfressen ausgerüstet. Mit ihren kräftigen Kiefern und den starken Nackenmuskeln können sie Knochen und gefrorenes Fleisch zerbeißen.

Mitternacht

Die Tiere der Arktis

benötigen viel Energie, um sich warm zu halten und um Nahrung zu suchen. Sie müssen sich oft ausruhen, doch da es hier nicht immer helle Tage und dunkle Nächte gibt, schlafen sie, wenn ihnen gerade danach ist.

....Der schläfrige Fuchs hält seine Nase unter dem Schwanz warm.

Polarfüchse wachen oft am späten Abend auf, da sie meist die ganze Nacht über nach Lemmingen suchen. Im Schlaf rollen sie sich zu einer Kugel zusammen.

Im April kann es in der Arktis kälter als im Gefrierschrank sein.

Eine große Eisscholle mag als Ruheplatz etwas seltsam wirken, doch die Walrosse fühlen sich hier wohl. Sie haben kein Fell wie Eisbären oder Füchse, aber ihre Speckschicht ist so dick, dass sie auch auf dem kältesten, härtesten Bett schlafen können.

Draußen in der Kälte

Vor dem Schlafengehen hat sich der Eisbär eine bequeme Mulde in die Schneewehe gegraben. Zwei Polarfüchse hoffen, etwas von seinen Futterresten abzubekommen.

Nachdem sie einen rauen arktischen Schneesturm überstanden hat, ruht sich die Rentierherde im frischen Schnee von ihrer Wanderung aus.

Die Walrosse in der Mitte der ruhenden Gruppe sind erwachsene, die außen mit den kleineren Hauern junge Tiere.

45

Von morgens bis abends

Hier sind einige der Tiere, die wir in

- Schnee-Eule
- Rabe
- Polarwolf
- Rentiere
- Polarfuchs
- Polarhasen
- Eisbär
- Vielfraß
- Schneehühner

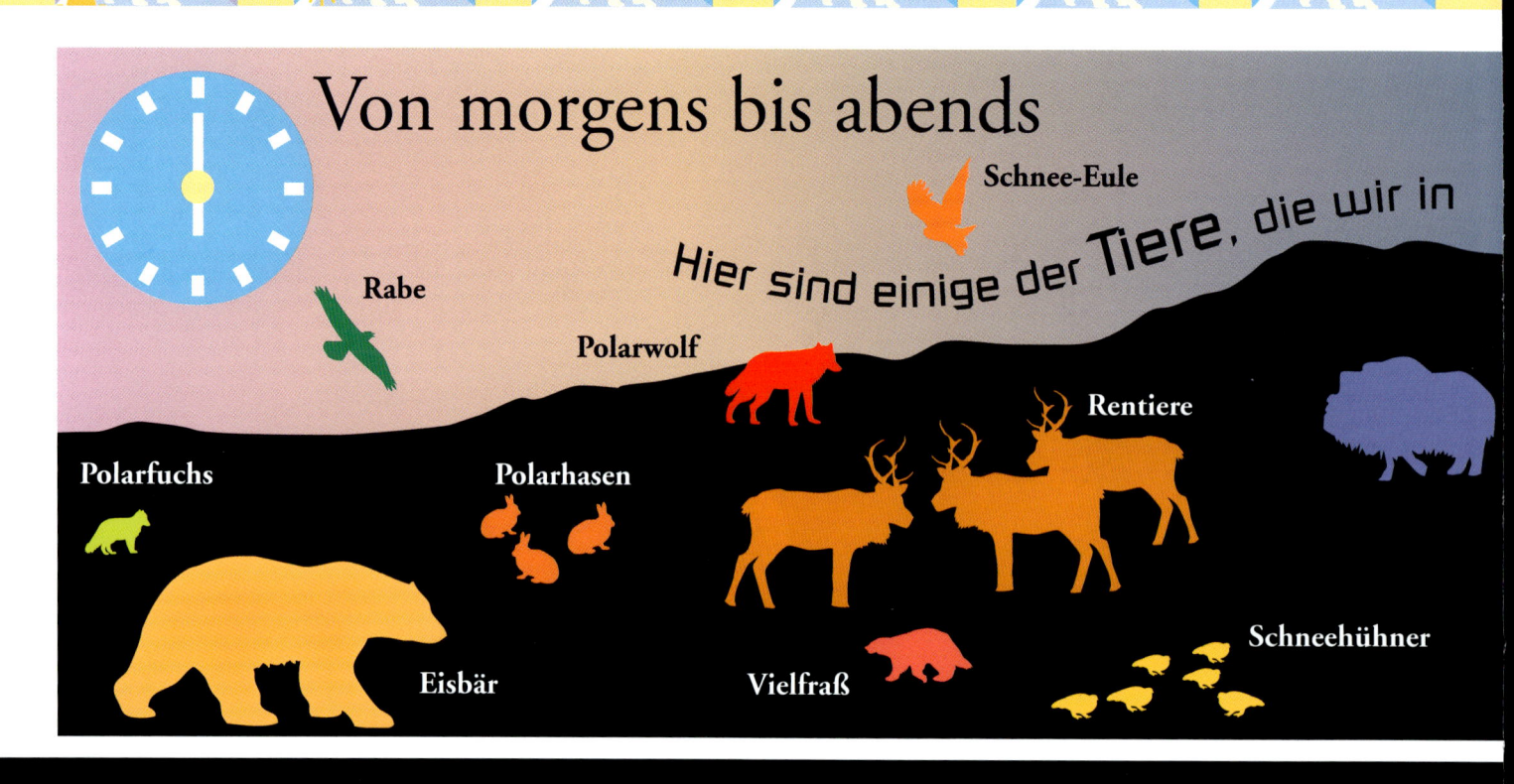

Hier werden einige Begriffe erklärt, die du kennen solltest,
wenn du dich für die Arktis und die dort lebenden Tiere interessierst.

AASFRESSER: Ein Tier, das Kadaver anderer Tiere oder Abfälle frisst.

BARTEN: Die langen fransigen Gebilde aus Keratin (wie Fingernägel) im Maul mancher Wale, mit denen sie Plankton aus dem Wasser filtern.

BAU: Ein Loch im Boden, in dem Tiere wie die Lemminge leben.

BEUTE: Ein Tier, das von einem Räuber gejagt und gefressen wird.

BLUBBER: Die dicke Fettschicht, die manche Tiere (wie Wale) vor der Kälte schützt.

EIS: Wasser, das so kalt ist, dass es erstarrt.

EISSCHOLLE: Ein großes Stück schwimmenden Eises.

GEFRIEREN: Der Vorgang, bei dem Wasser zu Eis wird.

HERDE: Eine große Tiergruppe, wie etwa Rentiere, die zusammen leben und wandern.

HÖHLE: Ein sicherer Ruheplatz eines Tiers. Weibliche Eisbären graben Höhlen in den Schnee.

HUFE: Die mit Horn geschützten Füße. Rentiere und Moschusochsen haben Hufe.

ISOLATION: Material, das Wärme, Kälte oder sogar Schall an einem Ort hält. Blubber isoliert vor der Kälte.

KADAVER: Der tote Körper eines Tiers.

KOLONIE: Eine Gruppe zusammenlebender Tiere. Küstenseeschwalben und Lummen leben in Kolonien.

MIGRATION: Von den Jahreszeiten abhängige Wanderung, meist um sich zu vermehren oder Nahrung zu finden.

PACKEIS: Die großen Eismassen, die entstehen, wenn das gefrorene Meer aufbricht.

PLANKTON: Kleine, im Meer treibende Algen und Tiere, die Fischen und anderen Meerestieren als Nahrung dienen.

RÄUBER: Ein Tier, das andere Tier jagt, tötet und frisst.

SÄUGETIER: Ein warmblütiges Tier, das sich als Baby von Muttermilch ernährt.

Gerfalke
Falkenraubmöwe
der Arktis getroffen haben.
Moschusochsen
Eisbären
Walross
Eiderente
Schneegänse
Küstenseeschwalbe
Eisenten
Bartrobbe

Dank und Bildnachweis

Der Verlag dankt den Folgenden für die Genehmigung zum Abdruck ihrer Bilder:

(Abkürzungen: l-links; m-Mitte; o-oben; r-rechts; ü-über; u-unten)

Alamy Images: Arco Images 29ur, 38om, 42or; Juniors Bildarchiv 13or, 31or, 31ur; blickwinkel 19or, 28or, 33mru; Steve Bloom Images 3, 5m, 14–15, 40, 40–41; Bryan And Cherry Alexander Photography 3, 7or, 17ol, 18–19m, 22or, 24, 24–25, 35ur, 43or, 43mr; Mark Duffy 7ur; David Fleetham 20ol; Image State 13mr; Steven J. Kazlowski 17or, 18–19, 19ur, 25mr, 30ul, 31ol, 36ol, 36mlu, 41or, 41mru, 42–43; Marco Regalia 35or; John Schwieder 14ul; D. Kjaer / The National Trust Photo Library 26ol; Visual & Written SL 4ur, 5ur, 23or, 29ol, 29mr; **AlaskaStock.com:** (c) 2006 Steven Kazlowski 12ul; Gary Schultz 1; Ardea: Sid Roberts 10ol; Jack Swedberg 33mrü; M. Watson 11ol; Doc White 17mru; Andrey Zvoznikor 28ul; **Bryan and Cherry Alexander Photography:** 4ol, 22ul, 22–23, 26ul, 30–31u, 31mr, 38–39, 45ol; **Corbis:** Theo Allofs 17mr; Tom Brakefield 36mlü; Tom Brakefield / Zefa 8ul; Alan & Sandy Carey / Zefa 10ul; Philip James Corwin 20mr; Daniel J. Cox 48; Dan Guravich 4ul, 8–9, 9or; Hannu Hautala / Frank Lane Picture Agency 5ul; Jacques Langevin / Sygma 37o (Hintergrund); George D. Lepp 41mr; Frank Lukasseck / Zefa 2, 6, 6–7; Hans Reinhard / Zefa 3, 32, 32ol, 32–33; Sea World of California 20u; Uwe Walz 43ol; Stuart Westmorland 27ur; Staffon Widstrand 29ul; Douglas Wilson / FLPA 21ml; Winifried Wisniewski / Zefa 5ol; **FLPA:** Ron Austing 25ur; Jim Brandenburgh / Minden Pictures 5or, 12, 25mrü, 36–37, 37o, 37u; Flip de Nooyer / Foto Natura 26ml; FLIP Nicklin / Minden PIctures 21u, 23ul, 39ur; Michio Hoshino / Minden Pictures 13ur; David Hosking 26–27; Yva Momatiuk / John Eastcott / Minden Pictures 35ol, 37ol; Michael Quinton / Minden Pictures 23ol; Rinie Van Muers / Foto Natura 44–45; John Watkins 26mlu; Winifried Wisniewski 27or; Winifried Wisniewski / Foto Natura 10or; Konrad Wothe / Minden Pictures 29or; **Getty Images:** Pal Hermansen 25or; National Geographic 2–3u; **Magnus Elander:** 2, 10–11, 15o, 15ml, 15m, 15ur, 16ol, 16–17, 19ol, 38ul, 39or, 39mr; **naturepl.com:** Doug Allan 23mr; Terry Andrewartha 7mr; Niall Benvie 17ur; Asgeir Helgestad 17mrü, 41mrü, 45or; Steve Kazlowski 7mrü; Tom Mangelsen 7mru, 29mrü; Mark Payne-Gill 44mr; Mike Potts 28–29; Doc White 23mr; Andrey Zvoznikov 33ur; **OSF / photolibrary:** Doug Allen 21o; Daniel Cox 43ur; Mark Hamblin 34ul; Norbert Rosing 11or; **Science Photo Library:** E.R. Degginger 41ur; Still Pictures: Kelvin Aitken 25mru; Kevin Schafer 18or; **SuperStock:** age foto stock 33or.

Cover: Vorn: Bryan and Cherry Alexander Photography gol. Corbis: Tim Davis gor; Natalie Fobes u; Richard Hamilton Smith gom. Getty Images: Photographers Choice gol; Taxi gor. naturepl.com: Elio della Ferrerra gom (Wiesel). **Hinten.** Bryan and Cherry Alexander Photography ur. Corbis: Natalie Fobes m; Kennan Ward ml. Science Photo Library: Doug Allan ul; Ray Coleman mr. **Rücken:** DK Images: Jerry Young u (Eisbär). Getty Images: Iconica go; Stone (Papageitaucher). Science Photo Library: Carleton Ray (Walross).

Alle übrigen Abbildungen
© Dorling Kindersley
Weitere Informationen unter:
www.dkimages.com

Dorling Kindersley dankt außerdem:
Tory Gordon-Harris, Clare Harris, Carrie Love, und Penny Smith für die redaktionelle Hilfe.

Register

Aasfresser 42–43
Barten 23, 46
Bartrobbe 21
Dreizehenmöwe 27
Eiderente 20, 26
Einhorn 22
Eisbär 2, 7, 12–13, 14–15, 17, 20, 25, 31, 33, 36, 39, 41, 42, 43, 45
Eisente 26
Eisfuchs (*siehe* Polarfuchs)
Eisrand 20–21
Eissturmvogel 27
Erde 3
Garnelen 21
Grönlandwal 21, 42
Hermelin 10
Karibu (*siehe* Rentier)
Krabbentaucher 24

Krill 23
Küstenseeschwalbe 26, 27
Lemming 28–29, 36, 44
Lumme 21, 26, 27
Möwe 15, 43
Moschusochse 30–31
Muschel 21, 26
Narwal 22
Plankton 23
Polarfuchs 3, 7, 17, 25, 29, 33, 36, 42, 43, 44, 45
Polarhase 11, 36
Polarwolf 10, 29, 31, 36, 37, 42
Rabe 21, 43
Räuber 36–37
Raubmöwe 28, 36
Rentier 3, 7, 17, 25, 32–36, 39, 42, 43, 45

Robben 6, 8–9, 12, 13, 21, 23, 36, 43
Sattelrobbe 6, 8–9, 23
Schnee-Eule 2, 7, 10, 11, 17, 25, 28, 29, 33, 39, 42
Schneegänse 27
Schneehuhn 11, 36, 37, 39
Sonne 5, 6
Tarnung 10–11
Tintenfische 21
Vielfraß 29, 36, 43
Vögel der Arktis 26–27
Wal 22, 23, 43
Walross 2, 7, 16, 17, 18–19, 21, 22, 25, 33, 39, 42, 44
Wurfplatz 9